Reinhold Brunner

Eisenach GRAU IN GRAU
Stadtbild '89

Wartberg Verlag

Bildnachweis:

Ulrich Kneise:	Einband vorn o., Einband hinten r.
Hans-Peter Thau:	Einband vorn u., 21 r. o., 27 o., 46, 49, 51, 69.
Lutz Mittelbach:	4, 18 l., 22, 23, 24, 25 r. o., 25 u., 34, 35, 40, 42 u., 45, 53 o. u. u., 54 r., 58, 59, 60, 62, 63, 64, 66, 71 l.
Gernot Hahn:	19 r. o., 20, 21 l., 25 l. o., 37, 38, 39, 41, 50, 57, 61
Max-Ulrich Schneider:	Einband hinten o. u. m., 21 r. u., 25 l. u. u. r. u., 26 u., 31, 32, 33, 36, 56 o., 70
Stadtarchiv Eisenach:	Einband hinten u., 12, 13 l., r. o. u. u., 14, 15, 16 o. u. u., 17 o. u. u., 19 l. u. r. u., 26 o., 28, 29, 30 l . u. r., 42 o., 43, 44, 47, 48, 52, 54 l., 55, 56 u., 65, 67 o. u. u., 68, 71 r.

1. Auflage 2010

Alle Rechte vorbehalten, auch die des auszugsweisen Nachdrucks
und der fotomechanischen Wiedergabe.

Herausgegeben im Auftrag der Stadt Eisenach von Dr. Reinhold Brunner.

Lektorat: Michael Müller, Bielefeld

Layout und Satz: Christiane Zay, Bielefeld

Druck: Bernecker MediaWare AG

Buchbinderische Verarbeitung: Buchbinderei Büge, Celle

© Wartberg Verlag GmbH & Co. KG

34281 Gudensberg-Gleichen, Im Wiesental 1

Telefon: (0 56 03) 930 50

www.wartberg-verlag.de

ISBN 978-3-8313-2234-3

Inhalt

Grußwort 5

Einleitung 7

Quartier 1 12
Das sogenannte Klein-Venedig zwischen Bahnhofstraße
und Schillerstraße

Quartier 2 16
Der Jakobsplan in der Gestalt vor dem Flächenabbruch 1975

Quartier 3 20
Das Areal zwischen Sophien- und Alexanderstraße,
von der Stickereigasse bis zur Querstraße

Quartier 4 28
Das Areal zwischen Alexander- und Karlstraße,
der „Markscheffelshof", von der Marktgasse bis
zur Querstraße

Quartier 5 38
Die nördliche Sophienstraße zwischen Jakobsplan
und Querstraße

Quartier 6 44
Die westliche Alexanderstraße vom Schwarzen Brunnen
bis zur Henkelsgasse

Quartier 7 49
Die Alexanderstraße von der Marktgasse bis
zum Karlsplatz

Quartier 8 53
Die historische Henkelsgasse vor dem Abbruch
in den 1980er Jahren

Quartier 9 57
Die Areale an der Reinen Gasse und dem Weg
„Hinter St. Annen" sowie die Katharinenstraße
im Bereich Gargasse

Quartier 10 69
Einzelobjekte, die abgebrochen wurden: „Tannhäuser"
und „Marktecke"

Grußwort

Liebe Leserinnen und Leser,

die Bilder der Ausstellung, die Sie in diesem Katalog sehen, helfen zu verstehen, was es tatsächlich hieß, „grau in grau" zu leben.

Die DDR war ein Unrechtsstaat, aber es war nicht nur die immer und überall vorhandene Überwachung – an die hatte man sich gewöhnt –, es war der ständige Druck, die allgemeine Resignation und Stagnation der Wirtschaft, die Einschränkung von Kreativität im sozialistischen Großbetrieb, die Monotonie, die geforderte Angepasstheit im Beruf und im öffentlichen Leben. Aber die DDR war auch unsere Heimat – trotzdem! Wir waren Kinder der DDR. Hier haben wir gelebt, gelacht, geweint und geliebt. Hier hatten wir unsere Familien und Freunde, Gemeinschaftssinn, gegenseitige Hilfe und Unterstützung.

Wir sahen beileibe nicht alles grau in grau.

Der Rückzug in einen engen privaten Vertrauensgrad war Flucht und Anspruch auf das kleine private Glück, auf die kleine Freiheit zugleich. Aber wie sah es aus, unser Umfeld, unsere Straßen und unsere Häuser? Gerade weil wir unsere Angehörigen, unsere Freunde liebten, weil wir unsere Heimat und unser Zuhause liebten, war es geradezu unerträglich, wie der Verfall gerade der Innenstadt sich in Eisenach fortsetzte. Nicht nur, dass aufgrund des ständigen, chronischen Mangels an Geld und Material schon seit Jahrzehnten nicht mehr in alte Häuser investiert wurde, nein, es wurde bewusst die gesamte Innenstadt dem Verfall preisgegeben, um sie dann großflächig abzureißen und mit Plattenbauten im Sinne einer ideologischen Auffassung von sozialistischer Wohnkultur zu bebauen.

Das schlimmste Schicksal hatten die kleinen Häuser und deren Eigentümer in der Innenstadt. Beispielsweise meine Großmutter – eine einfache Frau aus einer Arbeiterfamilie mit bescheidenen Mitteln, die keine Beziehungen hatte und erst recht keine Aussicht auf irgendwelche staatlichen Materialkontigente. Sie besaß ein kleines Häuschen in der Nikolaistraße, natürlich ohne Bad und ohne Toilette. Der einzige Luxus war eine Gasaußenwandheizung im Wohnzimmer. Es war schon sehr bedrückend, zusehen zu müssen, wie sich die alte Frau auch noch im Frühjahr 1989 mit fast 90 Jahren jedes Mal die enge Holztreppe herunterquälen musste, um über den Hof auf das Plumpsklo zu gehen. Aussicht auf Veränderung? Ausgeschlossen!

Und so gibt es viele Geschichten, und jeder kennt eine davon.

Meine Geschichte bewog mich dazu, etwas zu ändern – so konnte es nicht bleiben. Meine ersten Begegnungen mit der Kommunalpolitik hatte ich bereits Mitte der 1980er Jahre als parteiloses und nicht delegiertes Mitglied eines Wohnbezirksausschusses in der Oststadt. Ich versuchte dort, die Fußgängerbrücke in der Schlachthofstraße zu erhalten.

Nachdem ich mich sehr aktiv, zusammen mit vielen meiner engen Freunde und Kollegen, in die Wendebewegung in Eisenach eingebracht hatte, musste ich mich nach der Kommunalwahl im Mai 1990 entscheiden, ob ich künftig Baudezernent der Stadt Eisenach werden wollte. Das war mehr als ein Sprung ins kalte Wasser.

Selbstbewusst verkündete ich in der ersten frei gewählten Stadtverordnetenversammlung auf die Frage nach meinen fachlichen Kompetenzen: Ich habe zumindest schon mal das Haus meines Vaters um- und ausgebaut. Übrigens begründete die damalige Bundesbauministerin Gerda Hasselfeld ihre Qualifikation mit den gleichen Worten.

Der 1. Juni 1990 war mein erster Arbeitstag als Baudezernent und Vizebürgermeister der Wartburgstadt. Wir wollten alles und alles zur gleichen Zeit und sofort. Es war eine Herkulesaufgabe, in dieser Zeit die Verwaltung umzubauen, neue Strukturen zu schaffen und nach Gesetzen zu arbeiten, die wir alle weder kannten noch gelesen hatten. Das Streben nach Veränderung an allen Stellen, plötzlich überall auftauchende Bauinvestoren aus dem Westen, der gigantische Druck der Opelansiedlung, die ein Erfolg werden musste, das sofortige Schaffen von Bebauungsplänen, dazu noch immer Wohnungsnot sowie erwartungsvolle Nachfragen danach, die Umstellung aller Heizmedien bei gleichzeitiger Sicherung von historischen Bauwerken – und das alles bei noch teilweise voll intakten DDR-Wirtschaftsstrukturen, die irgendwie nicht mehr passten. Wir haben gemeinsam angepackt, entschieden und Tatsachen geschaffen. Das Tolle an dieser Zeit – mit heutigem Abstand betrachtet – war, dass sich die DDR in ihrer eigenen Abwicklung befand, bundesdeutsche Gesetze noch nicht galten und es weder Länder, Behörden noch Aufsichtsämter gab. Es galt, was wir im Rathaus entschieden hatten.

Wir haben bewusste Entscheidungen zur Innenstadtbebauung in ihren historischen Grundrissen getroffen. Ich bin stolz darauf, dass wir auch keine großflächigen Einzelhandelsflächen vor den Toren der Stadt zugelassen haben. Gezielt siedelten wir diese auf Industriebrachen im Stadtgebiet an – in der alten Ziegelei und der Kammgarnspinnerei.

Ich denke, wir haben unter diesen Voraussetzungen damals fast alles richtig gemacht. Sicherlich sind Fehler passiert, auch Fehler bei einigen Neubebauungen. Aber es gab vor 20 Jahren auch noch eine andere Auffassung von Innenstadtbebauung als heute, und das sollte man berücksichtigen. In den ersten vier Jahren nach der Wende haben wir gemeinsam die Voraussetzungen für die weitere Stadtentwicklung in Eisenach geschaffen.

Eisenach ist heute eine sehr schöne und lebenswerte Stadt. Deshalb sollten wir Eisenacher stolz auf das Erreichte sein und uns gerade bei diesen Bildern der Aufbauleistungen der letzten 20 Jahre bewusst werden.

Wir sind heute froh, dass Jugendliche heranwachsen, die die Vergangenheit und die Bilder, die Zerstörung und Verfall zeigen, zum Glück nur aus Erzählungen und Geschichtsbüchern kennen.

Lassen Sie die Bilder der Vergangenheit auf sich wirken und erinnern Sie sich. Ich würde mich freuen, wenn Sie der Wartburgstadt einen Besuch abstatten würden, um sich anzusehen, was aus den grauen Brachflächen von einst geworden ist.

Viel Vergnügen beim Lesen wünscht Ihnen

Matthias Doht
Oberbürgermeister der Wartburgstadt

Einleitung oder:
Wie konnte es dazu kommen?

Reinhold Brunner

Der Zustand, in dem sich die Stadt Eisenach 1989 dem Betrachter zeigte, war nicht über Nacht und nicht aus bösem Willen der seinerzeit Verantwortlichen heraus entstanden. Im Grunde war er das Ergebnis einer Entwicklung, die vielerlei Ursachen hatte. Sie können hier nicht vollständig rekonstruiert werden. Doch scheint es für eine ausgewogene Beurteilung ratsam, in die Geschichte zurückzublicken.

Eisenach war im Krieg mehrmals Ziel angloamerikanischer Bombenangriffe. Sie galten zumeist den hier ansässigen Rüstungsunternehmen: vor allem dem BMW-Werk in der Stadt und dem BMW-Flugmotorenwerk auf dem Dürrerhof. Während sich hier aber die Schäden in Grenzen hielten, gab es im Stadtgebiet selbst vielfältige Zerstörungen, so vor allem am Wartenberg und im Bereich zwischen dem Markt und dem Frauenplan. Nach Ende des Infernos im Jahr 1945 gingen die Verantwortlichen mit Enthusiasmus daran, ihre Stadt schöner als zuvor wiederaufzubauen. Auf die Enttrümmerung folgte der innerstädtische Wohnungsbau. An der Lutherstraße entstanden entsprechende Häuser im Stile der Zeit. Manche der im Krieg zerstörten Areale blieben unbebaut, was aber zunächst das Stadtbild nicht negativ beeinflusste.

Zu neuen Überlegungen zwangen die Verantwortlichen vor allem zwei Dinge: zum einen das bis Mitte der 1960er Jahre andauernde Bevölkerungswachstum, das mit steigenden Ansprüchen an die Qualität des Wohnraums verbunden war; zum anderen das zunehmende Verkehrsaufkommen, das insbesondere die forcierte Industrialisierung mit sich brachte, die auch bei den beiden größten Arbeitgebern der Stadt spürbar war, dem Automobilwerk und der Kammgarnspinnerei. Das Programm zur Entwicklung der Kreisstadt Eisenach konstatierte bereits im Februar 1967, dass die „Möglichkeiten zur Erweiterung der Bebauungsflächen in der Stadtgemarkung begrenzt sind". Eine mögliche Reaktion darauf hatten bereits drei Jahre zuvor die „Schlussfolgerungen zur Stadtentwicklung" des Entwurfsbüros für Gebiets-, Stadt- und Dorfplanung des Rates des Bezirkes Erfurt offenbart, in denen es unter anderem hieß: „In Überprüfung vorhandener Altbausubstanz ist zu erwägen, inwieweit durch Abrißmaßnahmen Flächen gewonnen werden können." Damals forderte man die „genaue Abgrenzung der für den Komplex Werterhaltung in Frage kommenden Gebiete mit Begründung der Dringlichkeitsstufen". Der Krieg mit seinen Zerstörungen war gerade 20 Jahre vorüber, als man die Prioritäten

verschob. Nicht der mögliche Abriss historischer Bausubstanz war zu begründen, sondern dessen Erhaltung.

1967 und 1968 wurden jene Gebiete, die man verfallen lassen wollte, und jene, die man zu erhalten gedachte, genau umrissen. Zunächst sollten neue Wohngebiete außerhalb der historischen Innenstadt entstehen. Darauf konzentrierte man die vorhandenen Mittel. Das „sozialistische Wohnviertel" an der Thälmannstraße entstand zwischen 1960 und 1970. In der zweiten Hälfte der 1960er Jahre begannen die Planungen für die 1972 bzw. 1976 fertiggestellten Wohngebiete Stedtfelder Straße und Petersberg. Im Generalbebauungsplan 1966 wurde sogar schon eine Bebauung des „Kuhgehänges" im Eisenacher Norden in Erwägung gezogen und eingehend geprüft. Diese Konzentration auf den „extensiven Wohnungsneubau" führte zu einer Vernachlässigung vorhandener Bausubstanz in der Innenstadt.

Der im März 1966 beschlossene Generalbebauungsplan für die Wartburgstadt sah deshalb unter anderem vor, das die folgenden Straßen umfassende Areal mit einer absoluten Bausperre zu versehen und keinerlei Werterhaltung mehr zu betreiben, da die Bausubstanz nicht mehr gebrauchsfähig sei: Hinter der Mauer, ab Hospitalstraße, Karl-Marx-Straße, Jakobsplan/Rathenauplatz, Goethestraße bis zum Amtsgericht sowie Sophienstraße. Diese Flächen waren für eine Neubebauung zu beräumen. Dazu kam es dann auch – mit der Errichtung des Wohngebietes zwischen Sophien- und Goethestraße sowie Jakobsplan und heutiger Fritz-Erbe-Straße. Das Areal südliche Sophienstraße/Hinter der Mauer, von der Hospitalstraße bis zur Nikolaistraße, bestand dem Bebauungsplan zufolge aus Bausubstanz mit begrenzter Lebensdauer, die man noch pflegen und instand setzen wollte. Der Bereich Alexanderstraße und Karlstraße zwischen Marktgasse und Karlsplatz, der damals Platz der Deutsch-Sowjetischen Freundschaft hieß, galt als Aufwertungsareal mit wertvoller, gut erhaltener Bausubstanz. Ihn wollte man durch Um- und Ausbau verbessern, wobei man im Einzelfall Ersatzbauten für möglich hielt. Gänzlich geschützt waren der Innenstadtbereich um den Markt, der Lutherplatz und die südliche Bebauung der Georgenstraße vom Schwarzen Brunnen stadteinwärts.

Zu den ersten – wohl in der Bevölkerung auch diskutierten – Abbrüchen gehörten jene im Bereich von „Klein-Venedig" zwischen Bahnhofstraße und Goethestraße. Der Gerechtigkeit halber muss man sagen, dass die dortige Bausubstanz bereits vor dem Krieg in einem dramatischen Zustand war. Schon lange hatte man die Gebäude rein auf Verschleiß genutzt. Aber die Herzen vieler Eisenacher hingen an diesem Fleckchen Erde. Und als 1968 hier die Bagger anrückten, rief das den Verdruss der Einheimischen hervor, vor allem wohl deshalb, weil es sich in gewissem Sinne um den ersten Abriss eines geschlossenen Areals innerhalb Eisenachs nach dem Krieg, der so manche Wunde im Stadtbild hinterlassen hatte, handelte. Unbeachtet bleibt dabei, dass kurz zuvor im Vorfeld des 900-jährigen Jubiläums der Wartburg, zu dem man mit Publikum von nah und fern rechnete, die alte Farbenfabrik an der Bahnhofstraße abgebrochen worden war. Diese Industriebrache schien wohl den meisten Eisenachern verzichtbar.

Der zweite Flächenabbruch erfolgte dann auf dem Jakobsplan. Bereits im Programm zur Entwicklung der Kreisstadt Eisenach vom Februar 1967 war zu lesen: „Im Komplex zwischen Sophienstraße – Hospitalstraße und Goethestraße ist keine Unterhaltung durchzuführen, da die Bausubstanz nicht mehr gebrauchsfähig ist. Über dieses Gebiet ist eine absolute Bausperre zu verhängen." Und groß waren die Pläne für die frei werdende Fläche: Bei Wegfall von 297 Wohnungen hätte eine 5- bis 14-geschossige Bebauung 1836 Wohneinheiten ergeben – und so entstand das, was später als „Goetheviertel" im Sprachgebrauch der Eisenacher heimisch wurde, wobei man allerdings auf die 14-geschossige Bebauung verzichtete.

Sieben Jahre nach dem „Abschreiben" des Gebietes begann der Abbruch. Für einige Aufregung sorgte dabei der Abriss des Hauses Sophienstraße 1, bei dem es sich immerhin um das Geburtshaus von Ernst Abbe handelte. In den Jahren 1974 und 1975 wurden schließlich sämtliche alten Häuser, die das Bild des Jakobsplans geprägt hatten, dem Erdboden gleichgemacht. Unmittelbar darauf erfolgten die Neubauten. Ohne Zweifel brachte diese Maßnahme vielen Eisenachern verbesserte Wohnverhältnisse. Aber ein Stück der alten Stadt war damit unwiederbringlich verloren. Die letzten Gebäude am Jakobsplan fielen 1987. Bis heute erhalten sind nur die Nummern 5, 7 und 9.

Der „Strategie des langsamen Verfallenlassens" bis zum Abbruch wurde auch in den nächsten Jahren gefolgt. Hintergrund war nicht zuletzt der Beschluss der 10. Tagung des Zentralkomitees der Sozialistischen Einheitspartei Deutschlands (SED) im Oktober 1973, der vorsah, zwischen 1976 und 1990 2,8 bis 3 Mio. Wohnungen zu schaffen. Für Eisenach war dies nur bei Ausrichtung aller Baukapazitäten auf dieses Ziel zu realisieren. In der Direktive zum Generalbebauungsplan für die Stadt Eisenach 1975 hieß es u. a. „es sind die Wohnverhältnisse, insbesondere der Arbeiter, entscheidend zu verbessern". Um dies zu erreichen, „sind bis 1990 etwa 5650 Wohnungen neu zu errichten und etwa 1000 Wohnungen abzureißen". Abgesehen davon, dass die Altbausubstanz der Innenstadt mit dem Abriss von 1000 Wohnungen nachhaltigen Verlust erlitten hätte, fehlten bei dieser Zielsetzung sowohl der Wille als auch die Mittel, Altes zu sichern. Im Abschnitt „Wohnungsbau" des Generalbebauungsplanes findet sich dafür auch die Begründung. Der Bauzustand der meisten Wohnungen Eisenachs sei im Durchschnitt etwas schlechter als im Bezirksmaßstab. Unter anderem daraus leitete man das Vorhaben ab, zwischen 1986 und 1990 im Bereich Sophienstraße/Puschkinstraße (heute Alexanderstraße) 198 Wohnungen abzureißen. Der Bauzustand sei „schlecht" und der Ersatz der Substanz „erforderlich". Nach 1990 sollten in der Katharinenstraße/Frankfurter Straße „für die Umgestaltung des Wohngebietes und die Erweiterung der VEB Kammgarnspinnerei" 1140 Wohnungen abgebrochen werden.

Doch gab es inzwischen auch andere Töne. Der Generalbebauungsplan 1975 ließ nämlich verlauten, dass eine „große Anzahl WE (Wohnungseinheiten) erhaltenswert" sei, „so dass das Problem der Instandsetzung und Modernisierung bei der weiteren Stadtentwicklung eine große Rolle spielt". Man hatte umzudenken begonnen. Die wesentlichen Neubaugebiete (Thäl-

mannstraße, Stedtfelder Straße, Petersberg, Goetheviertel) waren abgeschlossen; Eisenach-Nord befand sich in der Planung. Der Zukunft vorbehalten blieb die Bebauung der Karlskuppe. Nach dieser Phase extensiven Bauens wandte man sich nun der innerstädtischen Entwicklung zu. So hieß es in der „Konzeption zur Rekonstruktion und Modernisierung der Altbausubstanz in der Stadt Eisenach 1976–1990" vom 22. 12. 1977: „Der Generalbebauungsplan gibt uns aber auch Auskunft und die Zielstellung, wie wir unsere Stadt strukturell in Übereinstimmung mit den Maßnahmen der Landeskultur zu entwickeln haben und damit die Wohnbedingungen umfassend verbessern können." Und nun folgten die entscheidenden Sätze: „Dabei geht es vor allem auch darum, ein neues Verhältnis zur Altbausubstanz herzustellen ... Die sozialpolitische Aufgabenstellung für die Modernisierung alter Wohngebiete in unserer Stadt, die stärkere Beachtung des ökonomischen Wertes vorhandener Bauwerke und nicht zuletzt die allgemein höhere Bewertung des kulturellen Erbes haben bereits in den letzten Jahren und insbesondere im Jahr 1977 bei vielen Bürgern und Besuchern unserer Stadt zu einem neuen Verhältnis zur alten Bebauung geführt." Das schloss zwar weitere Abbrüche nicht aus, doch bemühte man sich nun zunehmend um die Integration historischer Bausubstanz. Es wurden Rekonstruktionsgebiete ausgewiesen.

Die Lage blieb aber schwierig. 1985 hieß es in der „Präzisierung des Generalbebauungs- und -verkehrsplanes der Stadt Eisenach" zwar: „Die einsetzende intensive Stadtentwicklung entspricht dabei dem Anliegen zur weiteren Ausprägung der sozialistischen Lebensweise. Die generelle Tendenz zur Erhaltung der Grundstruktur der Stadt muß ihren Höhepunkt in einer Synthese von erhaltungswerter Altbausubstanz und Neubau bzw. Rekonstruktion besonders im Stadtzentrum finden." Doch war offensichtlich vieles damals schon nicht mehr zu retten. Denn bereits zwei Jahre zuvor hatte die „Aufgabenstellung zur Überarbeitung des Generalbebauungsplanes" von 1975 konstatiert: „Die Stadt verfügt gegenwärtig über einen Wohnungsbestand von 21 385 WE, wovon 6500 WE in industrieller Bauweise an extensiven Standorten (hauptsächlich Eisenach-Nord) errichtet wurden. Weitere 5000 WE weisen einen völlig ungenügenden Ausstattungsgrad auf. An einem hohen Prozentsatz der Altbausubstanz sind bauliche Schäden zu verzeichnen, wobei besonders im historischen Stadtkern und in den traditionellen Arbeiterwohngebieten ein Nachholbedarf besteht." Aufschlussreich sind die handschriftlichen Ergänzungen zu dieser Feststellung: „551 WE sind bauaufsichtlich gesperrt, 254 schwer vermietbar, bis 1990 weiter 700 WE zu erwarten."

Es ist bekannt, dass die wirtschaftliche Leistungskraft der DDR in den 1980er Jahren nicht mehr ausreichte, ökonomisch abzusichern, was politisch gewollt war. Dies zeigte sich auch im Bauwesen. Es fehlten schlicht die Mittel für die Erhaltung alter Bausubstanz. Hinzu kam, dass fast nur noch Bauprojekte gefördert wurden, die als LVO bestätigt waren, also als Objekte, die im Interesse der Landesverteidigung notwendig waren. Und dies betraf die Eisenacher Innenstadt eher nicht. Von den Verantwortlichen vor Ort wurde nicht selten die „Quadratur des Kreises" gefordert. Neue, moderne Wohnungen für die Bevölkerung sollten ebenso errichtet

werden, wie man gleichzeitig Erhaltenswertes schützen sollte. Das war zum Ende der DDR hin immer weniger zu schaffen, so dass das Stadtbild an vielen Orten nur noch grau in grau getönt war.

„Grau in grau" war deshalb auch der Titel einer Ausstellung des Stadtarchivs Eisenach, die das Ergebnis der oben geschilderten Entwicklung nachträglich visualisierte. Die Ausstellung stand im Zusammenhang mit den Jubiläen „20 Jahre friedliche Revolution in der DDR" und „20 Jahre deutsche Wiedervereinigung", als Beitrag der Stadt Eisenach zur Erinnerung an diese Ereignisse. Die einzigartige Dokumentation beleuchtete eine Ursache dafür, dass die Eisenacher im Herbst 1989 auf die Straße gingen. Für sie widerspiegelte der „Verfall ihrer Stadt" auch den Verfall des Systems. Einem politischen System, das nach vierzig Jahren seines Bestehens in Eisenach Plätze hinterließ, die sich kaum vom Zustand in den ersten Nachkriegsjahren unterschieden, mochten viele Eisenacher nicht länger trauen. Die schwindende Identifikation mit dem Gemeinwesen, in dem sie lebten, äußerte sich in lauter werdender Kritik am maroden Stadtbild. Und diese Kritik mündete schlussendlich auch in Forderungen nach politischer Veränderung.

Die Aufnahmen in diesem Buch stammen aus verschiedenen Quellen: aus einer damals vom Stadtbauamt in Auftrag gegebenen Bilddokumentation, die nichts beschönigen sollte; von einem Architekten, der sich über den Verfall der Stadt ärgerte; von einer Ausreisewilligen, die sich noch einmal vor Augen führte, warum sie das Land verlassen wollte; von einem westdeutschen Besucher, der die Stadt durchaus mit wohlwollenden Augen sah. Die unbestechliche Kamera produzierte indes immer das gleiche Ergebnis.

Die Ausstellung zog innerhalb weniger Wochen tausende Besucher in ihren Bann, und sie regte zum Nachdenken an, wie die vielen Einträge im Gästebuch belegen. „Die Fotoausstellung ist von den Fotografen einseitig betrachtet", meinten die einen. Andere fanden es erschreckend, dass sie beim Durchblättern des Gästebuches immer wieder Einträge von Menschen fanden, „die die alten Zeiten verherrlichen". Damit waren auch solche vorsichtigen Formulierungen wie diese gemeint: „Früher ging es einem Teil der Häuser schlecht und den Menschen gut. Heute geht es den Häusern gut und vielen Menschen schlecht." Einen anderen Ausstellungsgast erstaunte es, „dass nach 1989 neue Ruinen aus bis dahin soliden und schönen Häusern entstanden sind", und ein weiterer Besucher konstatierte schließlich: „Man stellt fest, dass die eigene Erinnerung vieles schönredet. So schrecklich hat niemand die eigene Stadt in Erinnerung." Dieser Eintrag machte nachdenklich, weil er die „Bestechlichkeit" unserer Erinnerungen verdeutlicht.

Um der Flüchtigkeit des Erinnerns entgegenzuwirken, vor allem aber, weil so viele Besucher der Ausstellung den Wunsch danach geäußert haben, entschloss sich die Stadt Eisenach, dieses Buch herauszugeben. Die Wartburg-Sparkasse hat das Buchprojekt durch eine Spende möglich gemacht. Ihr ist dafür zu danken. Zu danken ist ebenso den Fotografen Lutz Mittelbach, Max-Ulrich Schneider, Hans-Peter Thau, Gernot Hahn, Ulrich Kneise und dem maßgeblichen Gestalter der Ausstellung, Klaudius Kabus.

Zur besseren Übersicht werden die Bilder des Buches nach territorialen Gesichtspunkten in Quartieren zusammengefasst.

Quartier 1

Das **Quartier 1** zeigt Abbildungen eines Areals, welches der Zeit nach eigentlich nicht mehr in diesen Bildband, der das Ziel hat, den baulichen Zustand Eisenachs in der zweiten Hälfte der 1980er Jahre zu dokumentieren, gehört, da es schon viel früher dem Abbruch zum Opfer fiel. Da es sich jedoch um ein Stück des alten Eisenachs handelt, auf dem zum ersten Mal seit dem Krieg auf Grund der schlechten Bausubstanz ein Flächenabbruch erfolgte, wurden diese Bilder dennoch in den Band aufgenommen.

„Klein-Venedig" trug seinen Namen nicht ganz zu Unrecht. Vor seiner Zuschüttung zu Beginn des 20. Jahrhunderts floss hier der Mühlgraben, von der Waldhausstraße kommend, in der Bahnhofstraße von einer Brücke überwölbt, in Richtung Goethestraße/Schillerstraße. Ehe zu Beginn der 1970er Jahre jener voluminöse Neubau gegenüber dem Hotel Kaiserhof (damals Parkhotel) errichtet wurde, war die nördliche Fassadenfront der Bahnhofstraße an dieser Stelle offen. Zwei kleine Wege, der eine davon mit dem Namen „Kleine Goethestraße", verbanden die Bahnhofstraße mit der Schillerstraße. Rechts und links des Wassers schmiegten sich kleine, oft von schlechter Bausubstanz geprägte Häuschen an das Ufer. Und vielleicht war es gerade dieser romantisch-verklärte Blick, der den Namen „Klein-Venedig" hervorbrachte. Ob es die Menschen, die einst hier lebten und arbeiteten, vor allem die Lohgerber, für die das Flüsschen Arbeitsgrundlage war, als ebenso romantisch empfanden, ist nicht belegt, aber wohl eher zu bezweifeln.

Der Mühlgraben wurde an dieser Stelle 1908/1909 zugeschüttet; die Brücke im Verlauf der Bahnhofstraße abgebrochen.

Am 25. Januar 1968 verkündete die Thüringische Landeszeitung den bevorstehenden Abbruch des Areals, der dann auch rasch vollzogen wurde.

Nur noch Reste des Bauschutts sind vom einstigen „Klein-Venedig" übrig geblieben.

Das Bild der Wäscherei an der Kleinen Goethestraße zeigt den Bauzustand um 1936 und belegt, dass die Substanz schon damals mehr als marode war.

Obwohl es in der Thüringischen Landeszeitung vom 25. Januar 1968 hieß, dass die alte Gerbermühle unter Denkmalschutz stehe, wurde auch sie abgebrochen.

Quartier 1

Niedergelegt wurde auch die Gastwirtschaft und Fleischerei Schinke, direkt an der Bahnhofstraße.

Der Blick von der Waldhausstraße nach Norden zeigt den Bauzustand nach den Abbrüchen im Januar 1968; die alte Lohgerbermühle steht noch.

Quartier 2

Blick über die alten Häuser an der Ostseite des Jakobsplanes mit den Hausnummern 2 bis 14. Das, was hier wie ein Straßenzug nach Norden aussieht, endete in unbebautem Gartenland.

Blick auf die Häuser Nr. 16 bis 22 auf der Nordseite des Jakobsplanes. Diese Häuser fielen im zweiten Halbjahr 1975 der Abrissbirne zum Opfer.

Das **Quartier 2** bezeichnet den Jakobsplan. Auch er war zu dem Zeitpunkt, auf den sich ein Großteil der Abbildungen des Buches bezieht, nämlich die 1980er Jahre, nicht mehr vorhanden. Abbruch und Neubebauung aber waren ein tiefer Einschnitt in die neuere Baugeschichte Eisenachs. Hier manifestierte sich auch ein Stück damaliger Baupolitik, die darin bestand, Altes langsam verfallen zu lassen, um die Gebäude anschließend abzubrechen und das Areal schließlich neu zu bebauen.

Schon um 1400 wird der Platz als „bey sente Jacobe" erwähnt. Die Jakobskirche, die ihm ursprünglich seinen Namen gab, ging beim Stadtbrand 1636 unter. Nie im eigentlichen Zentrum der Stadt gelegen, erlebte der Platz auch schlechte Zeiten. Für das Jahr 1796 konstatiert der Chronist, dass der Jakobsplan „alt und kothig" gewesen sei, nachdem die einst dort befindliche Stadt-Mehl- und Heuwaage verbrannt war. Um diese Zeit entstand dann aber das Bechtolsheimsche Palais, bis heute eine Zierde des Platzes, „erdrückt" allerdings von den in den 1970er Jahren hier errichteten Neubauten. Gleichzeitig pflanzte man Lindenbäume. Das heute den Platz zierende Denkmal „Panzerreiter St. Georg" kam erst nach 1945 an diese Stelle. Es ist neben dem Bechtolsheimschen Palais das einzige Überbleibsel des alten Jakobsplanes.

Der Jakobsplan und das sich nördlich anschließende Gebiet bis zur Goethestraße waren schon früh als Abrissgebiet eingestuft worden. Zwischen 1974 und 1987 wurden die Häuser schließlich schrittweise abgebrochen.

Das prägnante Gebäude an der Nordwestseite des Jakobsplanes beherbergte lange Zeit die Drogerie, die Friedrich Griepenkerl 1902 eröffnet hatte. Der Straßenzug nach Norden führte zum früheren Rathenauplatz. Im Hintergrund ist die sogenannte Goethe-Turnhalle zu erkennen.

Abbruch der Hintergebäude des Hauses Jakobsplan 38, die an jenem Straßenzug lagen, der nach dem einst an dieser Stelle stehenden Stadttor bis 1866 den Namen „Am Nadeltor" trug.

Quartier 2

Das Haus der Buchbinderei Braumöller steht noch heute in der Jakobstraße. Rechts im Bild ein schmuckloser Neubau, der während der Jahre 1989/90 entstand.

Das Eckhaus von der Jakobstraße zum Jakobsplan.

Blick in die Jakobstraße, die bis 1865 Jakobsgasse hieß, von Süd nach Nord. Sie führte zum Jakobsplan und trägt ihren Namen, ebenso wie der Platz, nach der einst dort befindlichen Kirche. Sie gehört zu den ältesten Gassen der Stadt und wurde schon 1400 urkundlich erwähnt.

Die maroden Gebäude Jakobsplan 3, 5 und 7. Während man die Nummern 3 und 5 1987 abbrach, steht das Haus Nr. 7 heute noch.

Quartier 3

Das **Quartier 3** betrifft das Gebiet zwischen Stickereigasse und Querstraße, nördlich von der Sophienstraße und südlich von der Alexanderstraße begrenzt. Es handelt sich hier um ein altes innerstädtisches Areal.

Die Alexanderstraße, 1949 bis 1990 Alexander-Puschkin-Straße, trug ursprünglich die Bezeichnung Untergasse, und zwar nach ihrer Lage unterhalb der Hauptstraße Eisenachs, der Karlstraße, die damals Judengasse hieß. Die Stickereigasse wiederum trägt ihren Namen nach dem im 18. Jahrhundert hier ansässigen Leibhof-Gold- und Perlensticker Stephan Eberhard. Die Querstraße, zwischen 1948 und 1990 Dr.-Wilhelm-Külz-Straße, begrenzt das Quartier 3 im Osten. Erst um 1700 wurde die Sophienstraße, die vormals Ackerhof hieß, ausgebaut. Ihr ursprünglicher Name bezog sich auf den Wirtschaftshof des Nikolaiklosters am heutigen Karlsplatz, der sich in dieser Gegend befand.

Es war ein für Eisenach typisches kleingliederiges Gebiet, in dem man wohnte und „werkelte". An der Alexanderstraße zwischen Stickereigasse und Querstraße gab es 1928, um ein Beispiel zu nennen, ein Malergeschäft, einen Messerschmiedemeister und einen Schmied, zwei Fleischer, einen Kürschnermeister und die Gastwirtschaft von Paul Oette. Er hatte im Juli 1919 im ehemaligen Café National, Alexanderstraße 73, „eine der solide geführtesten Kleinkunstbühnen" der Stadt eingerichtet. Mehr als 1200 Musiker und Künstler aus ganz Deutschland gastierten hier im Verlauf der ersten zehn Jahre ihres Bestehens. Den Eisenachern bestens bekannt war auch das Fotogeschäft Thurau, welches sein Domizil vor dem Abriss des Hauses in der Alexanderstraße in die Querstraße verlegte, wo es sich heute noch befindet.

Mit dem 1987 bis 1989 realisierten Abbruch des Areals, dessen Substanz infolge fehlender Bauunterhaltung allerdings schon sichtbar „angenagt" war, ging ein Stück des ursprünglichen Eisenachs verloren.

Blick in die Stickereigasse von der Alexanderstraße aus.

Der entgegengesetzte Blick: die Stickereigasse von der Sophienstraße aus.

Der Zustand der Stickereigasse, die als solche fast nicht mehr zu erkennen ist, um 1989. Nur das Eckhaus Alexanderstraße/Stickereigasse (vorn links) überstand den Abbruch.

Wie kleinräumig, teilweise „verbaut" das Areal war, zeigt diese Aufnahme der Stickereigasse nach ihrem Abbruch. Das „wilde Parken" auf der Abrissfläche hatte sich inzwischen schon eingebürgert.

Quartier 3

Dass die Bausubstanz bereits marode war, lässt diese Aufnahme der Alexanderstraße von 1986 deutlich erkennen.

Quartier 3

*Noch ist das renommierte Fotogeschäft Thurau
an seinem angestammten Platz in der Alexanderstraße.
Das Eckhaus zur Querstraße ist bereits leergezogen.*

Ein Blick in die Alexanderstraße von der Stickereigasse aus in Richtung Osten um 1988. Das Haus mit der Nummer 71 ist bereits abgerissen; die anderen folgten ein Jahr später.

Der Blick aus der Vogelperspektive lässt die Kleingliedrigkeit des Areals deutlich werden. Kleine Anbauten und Hinterhöfe prägten das Gebiet.

Im Winter 1988/89 fielen die letzten alten Häuser an der Alexanderstraße zwischen Stickereigasse und Querstraße.

Eine gewisse Tristesse offenbart diese Aufnahme, die kurz vor dem Abbruch des Eckhauses Alexanderstraße/Querstraße entstand.

Quartier 3

Noch steht die alte „Loreley", eine bekannte Eisenacher Gaststätte, an der Alexanderstraße 26, Ecke Querstraße ...

... und so präsentierte sich das Areal nach dem Abbruch der „Loreley" im Jahr 1986.

„Stillleben" – Blick über eine Abbruchfläche von der Querstraße aus zur Sophienstraße.

Nicht nur die Häuser, auch die Straßen waren teilweise marode, wie diese Aufnahme der Querstraße zwischen Alexanderstraße und Sophienstraße bezeugt.

Eisenach ~ grau in grau

Quartier 4

Quartier 4 bezeichnet das Areal des früheren Markscheffelshofes zwischen der Alexanderstraße und der Karlstraße.

Bis zu der im Zuge der Neubebauung nach 1990 erfolgten Benennung gab es die offizielle Bezeichnung „Markscheffelshof" nicht. Kein historisches Adressbuch der Stadt verzeichnet sie. Und dennoch war sie immer gebräuchlich. Zurückzuführen ist der Name auf den Eigentümer der dort befindlichen Grundstücke. Rudolf Otto Markscheffel (1837–1897) stammte aus Hütscheroda. Er verfügte über umfangreichen Grundbesitz und war Landkammerrat in Eisenach. Im Markscheffelshof betrieb er eine Branntwein-Destillation mit einem dazugehörigen Geschäft. Er vertrat den Eisenacher Wahlkreis im Landtag von Sachsen-Weimar-Eisenach.

Wann sich der Name Markscheffelshof einbürgerte, ist nicht bekannt. Es war aber früher durchaus üblich – zu einer Zeit, als erst allmählich feststehende Straßennamen entstanden –, auch in amtlichen Dokumenten Liegenschaften durch den Namen des Eigentümers näher zu bezeichnen, so das im 19. Jahrhundert bekannte „Pfennigsche Haus" in der Bahnhofstraße oder „Schwabes Garten" zwischen Goethestraße und Sophienstraße.

Seinen ursprünglichen Charakter hatte der Markscheffelshof schon in den 1930er Jahren durch einzelne Abrisse eingebüßt. In den folgenden Jahrzehnten fanden größere Instandsetzungen an dieser Stelle nicht mehr statt. Eine Bürgerin, die damals dort wohnte, erinnert sich, dass es zwischen 1975 und 1990 ca. 150 Rohrbrüche wegen maroder Versorgungsleitungen gegeben habe. Ende der 1980er Jahre erfolgte schließlich der Abbruch, der sich, so die Erinnerung der Bürgerin, ziemlich planlos vollzogen habe. Mit der Neubebauung in den 1990er Jahren veränderte sich dieser Teil des alten Eisenachs nachhaltig. Erhalten aber blieb der von den Eisenachern stets geschätzte Durchgang von der Karlstraße 17 zur Alexanderstraße 14.

Der ursprüngliche Markscheffelshof umfasste nur das Grundstück zwischen diesen beiden letztgenannten Gebäuden. Nach der Neubebauung erhielt schließlich das gesamte Areal, welches sich bis zur Querstraße erstreckt, diesen Namen.

Blick ins Innere des Markscheffelshofes während des Abbruchs. Die Abbrucharbeiten fanden stets in den Wintermonaten statt.

Die Alexanderstraße von Ost nach West, Blick auf die Häuser Nr. 24 bis 16 (links). Hinter dem Haus, dessen Backsteingiebel zu sehen ist, befand sich der Eingang zum Markscheffelshof.

Quartier 4

Abbrucharbeiten im Markscheffelshof. Zu sehen sind die Hinterhäuser der Karlstraße mit dem kleinen Durchgang vom Markscheffelshof aus.

Der „umgekehrte Blick": die Alexanderstraße von West nach Ost.

Ein Bild mit Symbolcharakter: Bedrohlich schwingt die Abrissbirne vor den Rückfassaden der Häuser an der Alexanderstraße zum Markscheffelshof hin.

Eisenach ~ grau in grau

Quartier 4

Ein Trümmerfeld: Blick über den Markscheffelshof zur Querstraße. Im Abbruch befinden sich die Häuser auf der Südseite der Alexanderstraße.

Ein neuer Blick auf die Nordseite der Alexanderstraße eröffnete sich, als die Südseite niedergelegt war. An der Ecke zur Querstraße ist das damals dort befindliche Pelzgeschäft zu sehen, daneben das Fotogeschäft Thurau, an das sich Oettes Kleinkunstbühne anschloss. Auch diese Häuser fielen wenige Monate später.

Quartier 4

Nichts ist geblieben vom alten Markscheffelshof. Blick von der Querstraße aus über die nun freie Fläche gen Westen, die sich zum Parken und für Weihnachtsbaumverkäufe eignete.

Quartier 4

Tristesse. Blick über das inzwischen weitgehend beräumte Areal Markscheffelshof zur Abbruchfläche zwischen Alexanderstraße und Sophienstraße.

*Nur wenige Jahre gab es diese Sicht, ehe
der Markscheffelshof mit Neubauten versehen wurde.*

Eisenach ~ grau in grau

Quartier 5

Die Bebauung der Sophienstraße zwischen der Querstraße und dem Jakobsplan bezeichnet das **Quartier 5.** Die Sophienstraße erhielt ihren Namen im Jahr 1892 nach der Ehefrau des seinerzeit regierenden Großherzogs Carl Alexander.

Die heutige Sophienstraße wird von der Querstraße „geschnitten", ihr östlicher Teil trug früher den Namen „Ackerhof". Der westliche Teil wurde erst um 1700 baulich erschlossen, angeregt durch den seinerzeit regierenden Herzog Wilhelm Ernst, der seine Residenzstadt architektonisch zu entfalten gedachte. Kurzzeitig hieß dieser Teil der Straße deshalb auch „Neue Straße", gewissermaßen im Gegensatz zum älteren Teil des Ackerhofes. Allerdings setzte sich diese Bezeichnung nicht durch, und das Volk nannte die gesamte Straße schließlich „Ackerhof", bis zur Neubenennung im Jahr 1892.

Zu diesem Zeitpunkt stand bereits eines der die Straße prägenden Gebäude: Die Kirche „St. Elisabeth" der katholischen Gemeinde war hier 1888 geweiht worden. Gut vier Jahrzehnte später entstand unmittelbar neben der Kirche, in westlicher Richtung, die katholische Schule, die nach 1990 zeitweise Domizil der Volkshochschule war.

Nicht mehr vorhanden ist heute jenes Gebäude, in dem der Physiker und Sozialreformer Ernst Abbe 1840 zur Welt kam – das Haus Sophienstraße 1 wurde 1974 abgebrochen. Es fiel, wie die gesamte nördliche Seite der Sophienstraße, vom Jakobsplan bis zur heutigen Fritz-Erbe-Straße, dem Neubaugebiet Goethestraße zum Opfer, welches in den 1970er Jahren errichtet wurde.

Gegen Ende der 1980er Jahre brach man zahlreiche Häuser auf der südlichen Seite der Sophienstraße ab. Das betraf die Gebäudezeile zwischen der katholischen Kirche und der Kreuzung der Sophien- mit der Querstraße.

Die ursprüngliche Kleingliedrigkeit der hiesigen Bebauung lässt sich an den bis heute erhalten gebliebenen Häusern auf der nördlichen Seite der Sophienstraße noch ablesen.

Blick in die Sophienstraße von der Querstraße aus in Richtung Westen. Die beiden vorderen Eckgebäude, rechts und links der Straße, mussten in den 1990er Jahren Neubauten weichen.

Nur die Häuser Nr. 40 und 38 auf der südlichen Seite der Sophienstraße (links im Bild) stehen noch. Alle anderen Häuser sind bereits niedergelegt. Es eröffnet sich ein „freier Blick" auf die Kirche St. Elisabeth.

Quartier 5

Wie marode die Bausubstanz damals bereits war, offenbart dieses Bild der Häuser an der Sophienstraße mit den Nummern 34 (rechts) bis 40.

*Lang verloren ist der ursprüngliche Glanz.
Das Haus an der Sophienstraße harrt
seines Abrisses.*

Quartier 5

Für den Abbruch im Jahr 1986 vorgesehen waren die Häuser Sophienstraße 26 bis 16 auf der südlichen Sophienstraße zwischen Stickereigasse und Kirche St. Elisabeth.

Eng bebaut, verwinkelt und mit zahlreichen Hinterhöfen versehen war das Areal zwischen Sophienstraße und Alexanderstraße. Dem Betrachter offenbaren sich die tristen Fassaden der Häuser an der südlichen Sophienstraße zwischen Querstraße (ganz links) und Stickereigasse (nicht im Bild).

Schon 1974 abgebrochen wurde die Häuserzeile auf der nördlichen Seite der Sophienstraße vom Jakobsplan aus in östlicher Richtung. Die Bäckerei wurde noch zum Jakobsplan gezählt; das daran anschließende Gebäude ist das Geburtshaus von Ernst Abbe, Sophienstraße 1.

Quartier 6

Die westliche Alexanderstraße von ihrer Abzweigung von der Georgenstraße bis zur Einmündung der Henkelsgasse im Norden und der Marktgasse im Süden bezeichnet das **Quartier 6.** Ihr alter Name „Untergasse" taucht schon 1393 erstmals in schriftlichen Quellen auf. Zeitweise nannte man diesen Teil der Straße auch die „Kleine Untergasse". Im 18. Jahrhundert gehörten die Häuser dieses Straßenteils sogar zur Georgengasse. 1892 schließlich wurde sie nach dem Großherzog von Sachsen-Weimar-Eisenach in „Alexanderstraße" umbenannt.

Gute acht Jahrzehnte zuvor, im Jahr 1810, hatte eine Pulverexplosion fast alle Häuser rechts und links der Untergasse, bis kurz vor die Einmündung der Jakobstraße, zerstört. Sie wurden in den folgenden Jahren nur schrittweise wieder aufgebaut.

Auffallend war die hohe Dichte an Gaststätten an diesem kurzen Straßenstück. Ganz vorn, an der Ecke zur Wydenbrugkstraße, gab es den „Bayrischen Hof", später „Bayrische Bierhalle", „Kulmbacher Braustübl" und „Bayrisches Braustübl" genannt. Die Alexanderhalle befand sich im Haus Alexanderstraße 13, in dem sich später das Kino „Schauburg" befand. Bis heute gibt es die „Altdeutsche Bierhalle" in der Alexanderstraße 8.

Dominiert wird dieser Teil der Alexanderstraße von zwei Rückfronten: der des ehemaligen Hotels „Rautenkranz" an der Badergasse und der des Nordflügels des Stadtschlosses.

Hausabbrüche und Neubauten gab es vor allem auf der nördlichen Seite der Straße. Bereits 1964 fiel das Haus Nr. 3. In der zweiten Hälfte der 1980er Jahre wurden die Gebäude Alexanderstraße 5, 7, 9, 11 und weitere Häuser zwischen der Jakobstraße und der Henkelsgasse abgebrochen. Bald darauf erfolgte die Neubebauung.

Blick auf die nördliche Fassadenfront im westlichen Teil der Alexanderstraße. Nach dem Abbruch der Häuser entstand an dieser Stelle ein großdimensionierter Neubau.

Aus der Badergasse heraus (rechts im Bild) bot sich dem Betrachter
bis zum Abbruch der Häuser 1987/88 auf der gegenüberliegenden Seite
dieser Blick. Heute befinden sich hier die Neubauten, welche zum Komplex
Henkelsgasse gehören.

Quartier 6

Zwar in Farbe, aber doch grau in grau: Abbruchfläche an der Alexanderstraße, am Abzweig zur Henkelsgasse.

Die Häuser Alexanderstraße/Ecke Henkelsgasse während des Abbruchs (Blick von der Alexanderstraße aus in Richtung Westen).

Quartier 6

Die Ursprünglichkeit der Bebauung an der Stelle, wo die Henkelsgasse in die Alexanderstraße mündet, lässt diese Aufnahme aus dem Jahr 1984 erkennen. Gleichzeitig dokumentiert das Bild den schlechten Bauzustand der Häuser.

Der östliche Teil der Alexanderstraße von der Marktgasse bis zum Karlsplatz beschreibt das **Quartier 7.** Dieser Teil der uralten West-Ost-Fernhandelsstraße mit dem Namen Hohe Straße oder Königstraße wurde zwischen Querstraße und Karlsplatz bereits 1347 urkundlich als Böttnergasse bezeichnet. Im 17. Jahrhundert verlor sich dieser Name, der auf den Berufsstand der Böttner (Fassbinder) zurückgeht.

Wie schon im westlichen Teil der Alexanderstraße wimmelte es auch hier von Lokalitäten. An der Ecke zur Querstraße stand bis zu ihrem Abbruch die „Loreley", ein berühmt-berüchtigtes Etablissement. Gegenüber, schon lange durch einen gelb verklinkerten Neubau ersetzt, stand der Gasthof „Zum Mohren", in dem der Eisenacher Kongress der deutschen Sozialdemokratie 1869 stattfand. Längst vergessen ist das Hotel „Weißer Hirsch", Hausnummer 105. Schräg gegenüber, Hausnummer 50, kündet nur noch die Fassade von dem einstigen Glanz des hier befindlichen Hotels „Stadt Leipzig". Und an der Ecke zum Karlsplatz schlossen die ehemaligen „Bayerischen Gaststätten" die „Szenemeile" ab.

Heute weitgehend vergessen ist die Tatsache, dass das Haus Alexanderstraße 85 in den 1920er und 1930er Jahren als Volkshochschulheim diente.

Die östliche Alexanderstraße zwischen Karlsplatz und Querstraße: Blick von Ost nach West. Verfallende Fassaden prägen das Bild.

Quartier 7

Der entgegengesetzte Blick: die östliche Alexanderstraße von der Querstraße aus gesehen. Die Baulücke hinter dem Verkehrsschild bezeichnet den Platz, auf dem früher die „Loreley" stand.

Symptomatisch für den Zustand zahlreicher Häuser in Eisenachs Innenstadt ist die Verfassung des einstigen Hotels „Stadt Leipzig", die diese Aufnahme aus dem Jahr 1988 vor Augen führt.

Das Hotel „Stadt Leipzig" von der gegenüberliegenden Seite der Alexanderstraße. Im Hintergrund ist der Karlsplatz, damals Platz der Deutsch-Sowjetischen Freundschaft, zu erkennen.

Nichts mehr erhalten ist heute von der historischen Henkelsgasse, dem **Quartier 8.** Die bereits 1726 auftauchende Bezeichnung ist eine Verharmlosung des auch gebräuchlichen, jedoch anrüchig erscheinenden Namens „Henkersgasse". Doch es ist nicht erwiesen, dass an dieser Gasse wirklich Eisenachs Scharfrichter wohnte. Vielmehr wird heute angenommen, dass die ebenfalls verwendete Bezeichnung „Hengerei" darauf verweist, dass sich hier einst Einrichtungen zum Trocknen und Bleichen von Textilien befanden.

Es ist kaum vorstellbar, dass in dieser kurzen Gasse allein auf der westlichen Seite elf bewohnte Häuser standen. Um 1910 finden wir hier einen Rossschlächter, einen Glaser, zwei Schneidermeister, einen Tüncher, einen Tischler und einen Schuhmacher.

Zwischen 1984 und 1988 wurden sämtliche Gebäude an der Henkelsgasse niedergelegt. In den 1990er Jahren erfolgte die Neubebauung. Damit wurde der mittelalterlich enge Straßenzug erheblich verbreitert. Mit dem Abbruch aber verschwand eine der für Eisenach so typischen Quergassen, die die Ost-West-Hauptstraßenzüge miteinander verbanden.

Die westliche Fassadenfront der Henkelsgasse mit Blick nach Norden zu den Neubauten des Wohngebietes Goethestraße.

Die östliche Seite der Henkelsgasse (Blick nach Süden); im Hintergrund die Fassade des Nordflügels des Stadtschlosses.

Quartier 8

Blick in die Alexanderstraße von West nach Ost. Ganz vorn links, bei dem Schild, ist die Einmündung in die Henkelsgasse zu erkennen.

Das nordöstliche Eckhaus der Henkelsgasse, an der Einmündung in die Sophienstraße, war bereits 1984 abgebrochen worden. Die Brache ist vorn im Bild deutlich zu erkennen.

Die Planierung der ehemaligen Henkelsgasse schreitet voran. Auch die Häuser und Hinterhöfe östlich und westlich der Gasse wurden zum großen Teil niedergelegt. Inzwischen ist von diesem Standpunkt aus fast die gesamte Nordfassade des Stadtschlosses einsehbar.

Fast wie nach einem Bombenabwurf: Der Abbruch der Henkelsgasse ist in vollem Gang.

Der Abbruch ist vollendet. Vor der Neubebauung in den 1990er Jahren offenbarte sich dem Betrachter dieser Blick zum Stadtschloss. Nichts erinnert mehr an die einstige kleine Gasse in der Mitte Eisenachs.

In der alten Georgenvorstadt, benannt nach dem Stadttor, das diesen Bezirk von der historischen Innenstadt abtrennte, liegt das **Quartier 9.** Es besteht aus zwei räumlich nicht miteinander verbundenen Teilquartieren. Eines davon ist ein Gebiet, das sein Gesicht vollkommen verändert hat: die Reine Gasse und der Weg „Hinter St. Annen". Das andere Areal befindet sich einige hundert Meter weiter westlich, direkt an der Katharinenstraße.

Vom Schiffsplatz aus zweigten in nördlicher Richtung, unmittelbar hinter der Kirche St. Annen, zwei Gässchen ab. Der Weg „Hinter St. Annen" führte zu der sogenannten Grünen Mühle am Hörselmühlgraben. Seinen Namen verdankte er dem einst hier befindlichen Hospital St. Annen. Es war von der hl. Elisabeth an anderem Ort 1226 gegründet worden. Später verlegte man es hierher. Nach ihm ist auch die in der Nähe liegende Kirche benannt. Heute heißt dieser Weg „Am Hospital St. Annen". Weniger poetisch ist der Name jener Gasse, die einst den Schiffsplatz direkt mit der August-Bebel-Straße, die damals Kasernenstraße hieß, verband. Wohl wegen ihrer geringen Attraktivität hieß diese Straße lange Zeit Dreckgasse, was aber die Anwohner mit einigem Recht als unangenehm empfanden. So wandelte man Ende des 19. Jahrhunderts den Namen einfach in sein Gegenteil um und nannte den Weg fortan Reine Gasse. Der bauliche Zustand aber wurde diesem Anspruch offenbar nie wirklich gerecht.

Schon in den 1960er und zunehmend in den 1970er Jahren mussten viele Gebäude in diesem Gebiet für unbewohnbar erklärt bzw. baupolizeilich gesperrt werden. Erste Abbrüche gab es 1974. Im Februar 1986 schließlich wurde damit begonnen, das gesamte Areal abzureißen, und 1989 waren die ersten Neubauten an diesem Ort bezugsfertig.

Das zweite Teilquartier in der Georgenvorstadt trägt die Bezeichnung Gargasse – im westlichen Bereich der Katharinenstraße, kurz bevor sie auf die Kasseler Straße stößt. Der Name Gargasse entstand wohl durch Abschleifung der ursprünglichen Bezeichnung Gartgasse, die darauf verweist, dass sich hier einst Gärten befanden. Die Häuser in diesem Teil der Georgenvorstadt waren eher ärmlich und entsprachen schon lange nicht mehr den Wohnbedürfnissen der Moderne. So verwundert es nicht, dass Mitte der 1980er Jahre dieses Gebiet für eine städtebauliche Neuplanung vorgesehen wurde. Der Abbruch der Häuser Katharinenstraße 102 bis 116 begann 1986. Der offizielle Startschuss für die Neubebauung in diesem Bereich wurde im April 1989 gegeben.

Blick aus der Katharinenstraße in Richtung des Schiffsplatzes.

Eisenach ~ grau in grau 57

Quartier 9

Blick auf die geschlossene Fassadenfront an der Katharinenstraße zwischen der Einmündung der Reinen Gasse (ganz rechts, bei dem Torbogen) und der August-Bebel-Straße. Die Häuser sind bereits leer und harren ihres Abbruches.

*Den traurigen Bauzustand der Häuser an der Stelle,
wo die Reine Gasse von der Katharinenstraße abzweigt,
offenbart diese Aufnahme.*

Quartier 9

Blick in die Reine Gasse, deren Häuser schon lange unbewohnt waren.

Verfall auf ganzer Linie: die zumeist nur noch wirtschaftlich genutzten Gebäude an der Reinen Gasse – Blick zur August-Bebel-Straße – kurz vor dem Abriss.

Quartier 9

Eisenach ~ grau in grau

Inzwischen beräumt ist das Areal zwischen der Reinen Gasse und dem Hörselmühlgraben, wo einst die Grüne Mühle stand (links im Bild). Wenig später fielen die letzten Häuser an der Reinen Gasse (in der Bildmitte). Auch die August-Bebel-Straße (rechts im Bild) präsentierte sich um die Mitte der 1980er Jahre nur noch grau in grau.

Quartier 9

Blick in die Reine Gasse von der August-Bebel-Straße aus. Die meisten Gebäude sind bereits sehr baufällig.

Noch mutet der Blick in die Gasse „Hinter St. Annen" romantisch an. Doch an den Fassaden sind bereits Anzeichen des beginnenden Verfalls erkennbar.

Eisenach ~ grau in grau

Quartier 9

Blick vom Ufer des Hörselmühlgrabens auf die Rückfronten der Häuser an der Reinen Gasse. Links im Bild sind die Reste der Gasse „Hinter St. Annen" zu sehen.

Reine Gasse und „Hinter St. Annen" sind verschwunden. Die freie Fläche zwischen St. Annen und der August-Bebel-Straße bot nun Platz für eine Neubebauung.

Wo einst die Häuser Katharinenstraße 102 bis 116 standen, klafft eine Baulücke. Hier errichtete man wenig später Neubauten in Plattenbauweise.

Die Fundamente für das neue Wohngebiet Reine Gasse sind im Sommer 1989 fertiggestellt.

Quartier 10

Kein bauliches Quartier im eigentliche Sinne bezeichnen die nun folgenden Abbildungen. Sie beschreiben zwei einzelne Bauobjekte, die den Verfall der Innenstadt für die Eisenacher Bevölkerung besonders signifikant machten. Ihr Abbruch fiel in die aufregende Zeit der friedlichen Revolution und wurde deshalb unter den Eisenachern besonders diskutiert.

Zum einen handelt es sich um den „Tannhäuser" am Karlsplatz 2. Als „Hotel Gröbler" 1866 eröffnet, wurde das Haus unter dem späteren Eigentümer Zimmermann, dessen Namen es lange trug, 1900 vollkommen neu errichtet. Als „Haus des Handwerks" wurde es 1950 wiedereröffnet. Später war es FDGB-Ferienheim und trug die Bezeichnung „Tannhäuser".

Weniger seiner Tradition als vielmehr des Umstands wegen, dass die öffentlichen Diskussionen um seinen Abbruch und die anschließende Neubebauung ein Stück jenes die Jahre 1989/1990 kennzeichnenden demokratischen Aufbruchs symbolisierten, verdankt das Eckhaus Marktplatz/Georgenstraße seine Aufnahme in dieses Buch. Postalisch handelt es sich um die Georgenstraße 1. Jahrzehntelang diente das Haus unterschiedlichen geschäftlichen Zwecken. In die Jahre gekommen, wurde es schließlich 1989 abgebrochen. Seine Ersetzung durch einen Neubau gestaltete sich zu einem öffentlichen Ereignis. Und der bereits begonnene Neubau musste wieder abgebrochen werden, um einem neuen Entwurf Platz zu machen.

Im Juni 1989 begann trotz heftiger Proteste aus der Bevölkerung der Abriss des traditionsreichen „Tannhäusers" sowie des danebenliegenden Gebäudes. Der heute hier befindliche Neubau ließ aus unterschiedlichen Gründen viele Jahre auf sich warten, in denen sich im Volksmund schon die Bezeichnung „Tannhäuser-Lücke" eingebürgert hatte.

Quartier 10

*Verblichener Charme – der „Tannhäuser"
wenige Monate vor seinem Abbruch.*

Das Haus Georgenstraße 1, Ecke Marktplatz (mit dem Schriftzug „Kiosk"). Auch sein Abriss sorgte für einige Aufregung. Der Blick in die Georgenstraße offenbart zugleich, dass auch hier viele Häuser grau in grau waren.

Die Georgenstraße 1 während des Abbruchs.

Weitere Bücher aus dem Wartberg Verlag für Ihre Region

Unsere Kindheit in der DDR
Die 50er, 60er und 70er Jahre
Regina Söffker
96 S. mit ca. 250 Fotos
978-3-8313-2221-3

Bitte hinten anstellen!
Geschichten und Anekdoten aus Thüringen
Sieglinde Mörtel
80 S. mit zahlr. S/W-Fotos
978-3-8313-1966-4

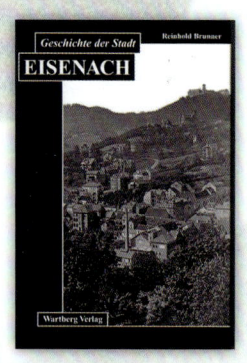

Geschichte der Stadt Eisenach
Reinhold Brunner
112 S. mit zahlr. S/W-Fotos
978-3-8313-1460-7

Mit dem Esel auf die Wartburg
Geschichten und Anekdoten aus dem alten Eisenach
Ulrike Frank
80 S. mit zahlr. S/W-Fotos
978-3-8313-1803-2

„No, wie enn?"
Geschichten und Anekdoten aus dem alten Gotha
Heiko Stasjulevics
80 S. mit zahlr. S/W-Fotos
978-3-8313-1642-7

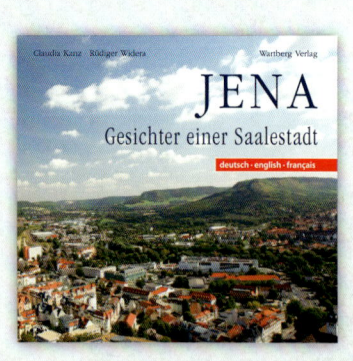

Jena – Gesichter einer Saalestadt
Farbbildband
C. Kanz, R. Widera
72 S. mit zahlr. Farbfotos
dt./engl./frz.
978-3-8313-2067-7

Aufgewachsen in Gera in den 40er und 50er Jahren
Helga Wagner
64 S., zahlr. Farb- und S/W-Fotos
978-3-8313-1861-2

Aufgewachsen in Gera in den 60er und 70er Jahren
Helga Wagner
64 S., zahlr. Farb- und S/W-Fotos
978-3-8313-2005-9

Wartberg Verlag GmbH & Co. KG
Im Wiesental 1 | 34281 Gudensberg
www.wartberg-verlag.de

Bücher für Deutschlands Städte und Regionen
Tel. 0 56 03 - 93 05 0 | Fax 0 56 03 - 93 05 28
www.kindheitundjugend.de